Franz-Georg Ewers

Mehr von fabelhaften Tieren
oder
Haydn im Galopp

Gedichte für Kinder

Mauer Verlag
Wilfried Kriese
72108 Rottenburg a/N
Buchgestaltung: Wilfried Kriese
Zeichnungen: Monika Hanschel
2007
ISBN 978-3-86812-113-1

www.mauerverlag.de

Inhalt

Stacheln

Da findet doch ein junger Igel
im Garten einen alten Spiegel.
Er schaut hinein und ärgert sich:
„Ich bin ja furchtbar stachelig.
Doch schöner werden ist nicht schwer,
ich gehe morgen zum Frisör!“

Das hört im Gras die schlaue Maus.
Sie piepst: „Du siehst doch prima aus.
Ich wollt‘, ich hätte solch ein Fell,
dann müsste ich nicht immer schnell
verschwinden, wenn die Katze naht.
Ich bin im Flitzen ja auf Draht,
doch du, mein Stachelfellbesitzer,
bist eben nicht der schnellste Flitzer.

Dein Urahn zwar, von dem wir lasen,
besiegte einmal einen Hasen,
jedoch mit einem schlauen Trick.
Dich packt der Hund gleich am Genick,
wenn du den Mund ihm nicht zerstichst.
Na, zum Frisör? - Das wird wohl nichts!“

Haydn im Galopp

Haydn, der hat den Dreivierteltakt
einst in sein Reiterquartett gepackt.
Muss das nicht erstmal verwunderlich scheinen,
eins, zwei, drei - das auf vier Pferdebeinen?

Aber das ist für die Pferde kein Flop,
eins, zwei, drei schaffen sie gut im Galopp.
Hörte sie Haydn mal so galoppieren,
konnte er gut danach so komponieren.

„Konnte Herr Haydn denn selber auch reit‘n?“
Dass er das konnte, dafür spricht schon viel,
gab es doch damals kein Automobil.

Das Zauberhuhn

Ich habe viel zu viel zu tun
und rufe nach dem Zauberhuhn.

Es kommt und gackert: „Faules Ei,
wir wollen erstmal - eins, zwei, drei -
zusammen gackern, also lachen.
Dann nimm dir schnell die kleinen Sachen,
die sind ganz einfach wegzupicken,
dann hast du Platz auch für die dicken.

Die sind beharrlich auszubrüten,
da musst du dich vor Eile hüten.
So können die Gedanken schlüpfen
und munter zum Ergebnis hüpfen.
Und schließlich", sagt das Zauberhuhn,
„versäume nicht, dich auszuruhn."

Es klappt, wie mir das Huhn verspricht.
Zum Dank erzählt das dies Gedicht.

Kleinigkeiten I - III

Die Dohlen sind
uns wohlgesinnt.
Sie tragen ihr
schwarzgraues Kleid
wie eine Zier
mit Fröhlichkeit.

Es war einmal ein Zauberschwein,
das wollte gerne sauber sein.
Das war nicht schwer, es hob den Stab:
Zuck, aller Dreck fiel von ihm ab.

Die andern Schweine, nicht so sauber,
die quiekten: „Das ist fauler Zauber,
mit einem Stab dich sauber pfuschen.
Du solltest lieber richtig duschen!"

Wo kleine Mäuse Käse klauen,
sind keine Fallen aufzubauen,
weil Mäuschen wenig fressen können.
Wir wollen ihnen das wohl gönnen.

Das Sparschwein

Es war einmal ein leeres Sparschwein,
das sprach: „Das kann doch wohl nicht wahr sein!
Man wirft kein Geld in mich hinein.
So bleibe ich ein armes Schwein.“

Da kommt ein Onkel zu Besuch,
und der hat wirklich Geld genug,
dem Neffen etwas zuzuwenden.
Doch denkt er nicht daran zu spenden.
Der Neffe zeigt die Zeugnisnoten,
da wär‘ Belohnung schon geboten.

Doch zeigt der Onkel taubes Ohr.
Da hält ihm seine Schwester vor:
„Du weißt doch noch, wie‘s damals war:
Dein Zeugnis war stets wunderbar.
Und unsre gute alte Tante
gab, wenn sie unsre Noten kannte,
uns immer einen Heiermann*.
Ich denke gerne noch daran.“

Der Onkel wird ein bisschen rot,
denn damals brachte er mit Not
nur eben eine schwache Vier
auf das gefürchtete Papier.
Der Tante kam‘s beim Heiermann
auf gute Noten gar nicht an.
Der Onkel muss sie übertreffen:
Fünf Euro gibt er seinem Neffen.
Ins Sparschwein kommt dann dieser Schein.
Es muss kein armes Schwein mehr sein.

*Heiermann = Fünfmarkstück

Der Zauberball

Ein Tennisball beklagte sich:
„Ach, immer wieder schlagt ihr mich,
damit ich für euch springen soll,
ich hab‘ davon die Nase voll,
nur hin und her und über Netze -
ich bin sie leid, die Tennisplätze!

Ich springe jetzt nach Lust und Launen,
mal kreuz, mal quer, ihr werdet staunen.“
Doch kaum hat er das ausprobiert,
da wurde er schon aussortiert.
Es hieß: „Was macht denn dieser Ball?
Der ist kaputt, auf jeden Fall!“

So kam er in die Abfallgrube.
Doch fand ihn da ein kleiner Bube
und stellte fest: „Der springt ja noch,
der hat ja überhaupt kein Loch.“
Er ließ den Ball dann auf dem ganzen
Nachhauseweg vergnüglich tanzen.

Der Junge ist ein Fußballfan,
doch fehlte ihm der Fußball, denn
es hat ja leider nicht ein jeder
das Geld für so ein rundes Leder.
Mit diesem Tennisball zum Kicken
ließ er sich bei den Freunden blicken.

Die machten auf dem Bolzplatz mit.
Der Ball bekam so manchen Tritt.
Doch ärgerten ihn nicht die Tritte:
In diesem Sport war er die Mitte.
Die Füße suchten seine Gunst
nach allen Regeln ihrer Kunst.

Das heißt, hier ging es kreuz und quer
und das gefiel ihm eben mehr
als Tennisspielen hin und her,
bei dem nur seine Fehler zählten,
und Torerfolge immer fehlten.

Als jetzt er sich nach Toren sehnte,
tatsächlich viele Tore schoss,
und voller Stolz sich kräftig dehnte,
da wuchs er, wurde richtig groß.
Er ward vom Fußballkreisverband
als echter Fußball anerkannt,
so dass - nur kurz war die Debatte -
der Junge einen Fußball hatte.

Die sieben Vögel

Mein Kind, es kommen sieben kluge Vögel,
wenn du sie rufst. Sie spannen dir ein Segel,
wenn du es brauchst, und helfen auf der Flucht.
Der eine Vogel fliegt voraus und sucht -

Und sucht ein strohgedecktes Haus am Meer,
in dem du wohnen kannst, es steht sonst leer.
Vier Vögel tragen dich vor allen Winden,
Du wirst das Haus am Meer mit ihnen finden.

Ein sechster bringt den Rucksack nach, die Schuhe.
Der siebte Vogel schaut zurück in Ruhe.
Und alle, die dich ärgern und belügen,
die lacht er aus: sie können ja nicht fliegen.

Die Vögel steigen federleicht empor
aus Buch und Traum, Gedanken und Humor.

Aber nein

Die Hausmaus hat Geburtstag.
Sie lädt die Feldmaus ein.
Doch mitten in der Feier
kommt noch die Spitzmaus rein.

Die Hausmaus sagt: „Verschwinde!
Als Maus bist du ein Witz.
Bekuck mal deine Schnauze.
Die ist ja viel zu spitz.“

Da geht die Spitzmaus wieder,
und traurig ist ihr Sinn.
Sie dreht sich um von ferne
und schaut noch einmal hin.

Da sieht sie, wie die Katze
die beiden Mäuse frisst.
Man freut sich manchmal, dass man
nicht eingeladen ist.

Oder doch
...

Da sieht sie, wie die Katze -
den Mäusen näherschleicht.
Sie ruft: „Passt auf ihr Mäuse!"
Ihr Ruf hat die erreicht.

Sie flitzen darauf blitzschnell
ins nahe Mauseloch.
Dann wird die kleine Spitzmaus
auch eingeladen noch.

Die Katze ist verschwunden,
der Platz zum Feiern frei.
Und unsre kleine Spitzmaus
ist dieses Mal dabei.

Morgen ist auch ein Tag

Der Tag war schlecht, es war ein Graus,
die Leute waren gar nicht nett.
Ich liege wach in meinem Bett
und warte auf die Zaubermaus.

Da kommt die Maus mit scharfem Zahn
und fragt: „Wer hat dir was getan?
Erzähl mir, wie die Leute heißen,
ich laufe schnell, um sie zu beißen."

„Ach, Maus, hab' Dank für deine Müh',
doch warte bis zur nächsten Nacht.
Zu beißen wäre noch zu früh."
„Gut", sagt die Zaubermaus und lacht.

Ich lache auch und schlafe ein
und träume von der Zaubermaus.
Der nächste Tag bringt Sonnenschein,
und gut geht die Geschichte aus.

Die kluge Amsel

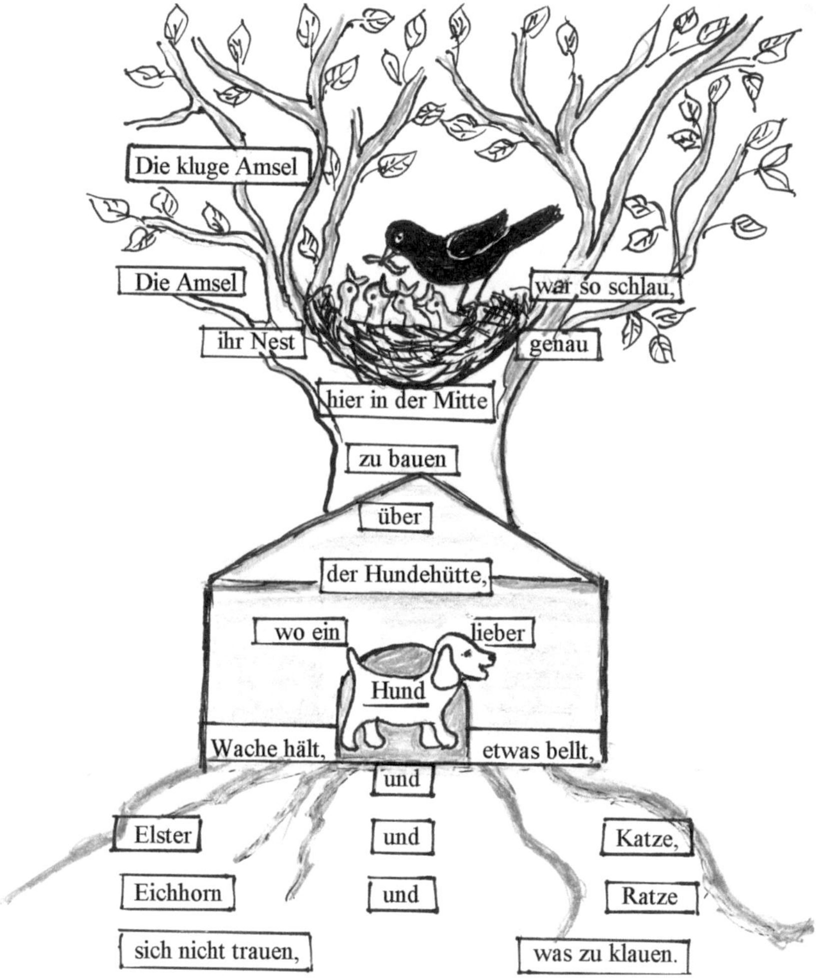

Der pflichtbewusste Hahn

In einer Stadt, da lebt ein Hahn,
der strengt sich jeden Morgen an,
die Leute pünktlich aufzuwecken,
doch muß er nur zu bald entdecken:
Er macht sich damit nicht beliebt,
weil es verschied‘ne Leute gibt.

Die einen sind schon früh um sechs
zu ihrer Arbeit unterwegs,
und andre wären gern bis sieben
in ungestörtem Schlaf geblieben.
Sie schreiben Briefe an den Hahn,
dabei denkt jeder nur daran,
wann seine Zeit sei, aufzustehen,
und bittet, nur noch dann zu krähen.

Gewissenhaft macht sich der Hahn
aus allen Briefen einen Plan,
notiert die Zeit für jede Bitte,
errechnet sich daraus die Mitte
auf die Minute sechs Uhr zehn,
um ganz genau nur dann zu kräh‘n,
so allen einen Dienst zu leisten.
Doch unzufrieden sind die meisten.

Weil danach sich noch mehr beschweren,
will nun der Hahn sich aber wehren.
Er schreibt: „Das müsst ihr doch verstehen,
als Hahn muss ich am Morgen krähen.
Unmöglich ist bei solchen Sachen,
es allen Leuten recht zu machen.
Wer das noch nicht verstehen kann,
der fange selbst zu krähen an!“

Sternenkunde I (September 2006)

Der Pluto war einst Pionier,
der äußerste Planet, der hier
durchwanderte das Sonnenlicht.
Dann sprach die Wissenschaft auf Erden,
da sei ganz außen noch ein Wicht,
der könne auch Planet wohl werden.

Planet wär' Pluto dann noch immer,
jetzt aber kommt es für ihn schlimmer:
Denn er bekommt nun einen Schubs,
ist nicht mehr Mitglied dieses Klubs.
Die Astronomische Union,
die stößt ihn vom Planetenthron.
Wohl darf er, sie lässt Milde walten,
den Charon noch als Mond behalten,
und außen neben ihm den Wicht
ernennt man zum Planeten nicht.
Im Kreis, in dem die Sonne lacht,
da gibt's Planeten nur noch acht,
als erster sonnennah Merkur,
Neptun als achter auf der Tour.

Was hat denn Pluto nur versäumt?
Er hat nicht richtig aufgeräumt!
Es fliegt, und das ist wirklich dumm,
zu viel an Zeug um ihn herum.
Nun macht mir Sorge, was noch werde:
Wie ordentlich ist unsre Erde?

Am Nordpol

Eine Robbe hatte Glück:
Einen Fisch, unglaublich dick,
fing sie, zog ihn auf das Eis.
Doch da sprach der Fisch: „Ich weiß,
wer du bist, man nennt dich Robby.
Schwimmen ist dein schönstes Hobby.
Lass mich wieder in die Flut,
einen Wunsch hast du dann gut!“

Robby wünschte sich schon immer
heimlich, was noch keinem Schwimmer
einfiel, auch nur zu begehren:
„Mal den Nordpol überqueren!“
Diesen Fisch, den ließ sie frei.
Darauf sprach der Fisch: „Es sei!“

Ja, am Nordpol schmolz das Eis.
Und kein Wissenschaftler weiß,
liegt der Grund dafür im Klima,
ist‘s gefährlich oder prima -
während Robby still genießt,
dass am Nordpol Wasser fließt.

Ein sagenhaftes Tier

Ja, gestern entdeckte ich
an dem blühenden Weißdorn -
der ist befreundet mit dem Ginster,
einer weiß, der andere gelb,
das weißt du selbst -
also, da entdeckte ich
das weiße Einhorn -
das gibt es nicht, das weißt du schon,
wer Hörner trägt, hat zwei davon -

Also, wir sprachen von Weißdorn und Ginster,
und was entdeckte ich?
Allerdings war es eigentlich finster,
doch niemand weckte mich.

Und das schöne Tier war hell,
hat geleuchtet mit dem Fell
weiß durch eine schwarze Nacht,
dabei hat es so gelacht
vergnügt wie ein Einhorn
am blühenden Weißdorn
und hat sein Horn in die Dornen geschlagen.
Es kann damit böse Träume verjagen.

Doch schauen wir heute, abends spät,
am Weißdorn nach, ob das Einhorn da steht?
Da steht es nicht mehr, weil keiner es sieht,
und morgen ist wohl der Weißdorn verblüht.
Wir müssen darum nicht traurig sein,
wir schlafen mit schönen Geschichten ein.

Die Zauberer

Vom Krach, den ein Gewitter macht,
geweckt genau zur Mitternacht,
geriet ich in der Geisterstunde
in eine Zaubermeisterrunde.

Ein Zauberer, sein Hut war spitz,
erzählte einen guten Witz
so zauberhaft, dass keiner wusste,
warum man dabei weinen musste.

Ein zweiter sprach von schlimmen Sachen.
Man musste dabei immer lachen.

Dann log ein dürrer Zaubermann
so dick, dass man es glauben kann.

Ein vierter schrie: „Stink, Brüderlein!“
Schön duftend schlief ich wieder ein.

Kleinigkeiten IV - VI

Das Spinnentier -
gefällt es mir?
Es ist ein Ungetüm.
Doch Schönheit ist bei ihm
bestimmt nicht wichtig.
Es ist sehr tüchtig,
kann klettern, flitzen,
an Wänden sitzen
und Mücken jagen,
die uns sonst plagen.
Der Spinne beste Schau:
Ihr Netz im Morgentau!

Man muss ja auch verlieren können,
den andern ihr Gewinnen gönnen.
Doch brauchen wir die Niederlagen
nicht ins Gedächtnis einzutragen.
Was man aus ihnen lernt indessen
ist immer als Gewinn zu messen.

Trink, bevor der Durst dich plagt.
Zieh dich warm an, eh du frierst.
Sag es, eh‘s ein andrer sagt.
Geh, bevor du dich blamierst.
Diese Regeln sind zwar richtig.
Aber nicht so furchtbar wichtig.

Verwandelte Tiere

Das Schafhuhn und der Eselhahn,
die schauen sich verwundert an.
Das Schafhuhn traut sich nicht zu mähen.
Der Eselhahn kann nicht mehr krähen,
I-ah ist ihm noch nicht vertraut.
So geben beide keinen Laut.
Sie fühlen sich nun halb verdummt
und sind auch darum ganz verstummt.

Das Fressen ist für sie ganz neu,
statt Hühnerfutter Gras und Heu.
Zwar Eier legt das Schafhuhn tolle,
die Schalen sind gestrickt aus Wolle.
Doch Wolleschalen, das ist Quatsch,
da werden Eier gleich zu Matsch.

Was hat man ihnen angetan,
dem Schafhuhn und dem Eselhahn?
Betrachtet sie nicht zu betrübt,
seid froh, dass es sie noch nicht gibt.

Frage

Wer war der Gedankenlose,
der im Wald die leere Dose
einfach an den Wegrand warf?
Weiß er, dass man das nicht darf?
Umweltschutz ist unerlässlich,
hier ist eine Dose hässlich.

Bleibt sie hier, um anzuklagen?,
wird sich nun der Wandrer fragen.
Oder soll ich sie entsorgen
und wird dann der Täter morgen
selbstzufrieden nur befinden,
dass die Dosen hier verschwinden?

Oft sind angesichts des Bösen
solche Fragen schwer zu lösen.
Doch gefällt mir hier der Satz:
Weg mit dem, was fehl am Platz!

Specht und Adler

Dass der Adler höher fliegt
als der Vogel Specht -
wenn‘s nur an der Größe liegt,
ist es ungerecht.

Für den Specht sieht das so aus.
Ob er sich wohl irrt?
Weiß er, dass der Vogel Strauß
niemals fliegen wird?

Mit dem Schlagzeug bist du, Specht,
allen überlegen.
Nennst du etwas ungerecht,
überleg, weswegen.

Der Wunsch einer Schlange

In Indien war eine Schlange,
die ärgerte es schon recht lange,
dass jeder vor ihr Angst bekam.
Sie wäre doch am liebsten zahm.

Sie würde sich auch streicheln lassen,
doch niemand wagt, sie anzufassen,
denn jeder denkt, wenn er sie trifft:
Pass auf, ihr Zahn ist voller Gift!

Die Flöte spielt ihr auf zum Tanz,
sie schlängelt sich mit Eleganz
und kunstvoll wiegt und wendet sie
sich ganz im Takt der Melodie.

Das Kunststück macht den Leuten Spaß.
Sie sagen: „Seht, die kann doch was,
sehr gut, und darum klatschen wir.
Die Schlange ist ein kluges Tier.“

Der Beifall freut die Schlange auch,
sie nickt mit ihrem langen Bauch.
Ganz ist sie aber nicht zufrieden,
denn ihre Nähe wird gemieden.

Sie würde sich gern streicheln lassen,
doch niemand wagt, sie anzufassen.

Ungleiche Freunde

Nun ist der große Vogel Strauß
befreundet mit der kleinen Maus.
Ihr fragt, wie er die Freundschaft fand?
Er steckt den Kopf gern in den Sand,
geriet mit ihm ins Mauseloch,
in das die Maus gewöhnlich kroch.

Sie waren in der Mausehöhle
schon bald ein Herz und eine Seele.
So ist die Freundschaft gut versteckt
und wird von Forschern nicht entdeckt.
Und darum halten Zoologen,
was hier erzählt wird, für gelogen.

Doch warum soll der Vogel Strauß
nicht Freundschaft schließen mit der Maus?
Und geht es nicht im Mauseheim,
dann treffen sie sich hier im Reim.

Ein guter Rat?

Ja, es erging mir wieder schlecht.
Da hatte jenes Tier wohl recht.

Na, welches denn? Ihr kennt es schon,
das Tierlein heißt Chamäleon,
das seine Farbe wechseln kann.
Es strengt sich dabei gar nicht an.
Mal ist es grün, ihr seht es kaum,
getarnt in Blättern auf dem Baum.
Mal ist es braun, wenn es ihm passt,
dann gleicht es einfach einem Ast.

Und will es mal gestreichelt werden,
dann kann es goldig sich gebärden,
ich finde es dann zauberhaft.
Dies glaubt mir nicht die Wissenschaft.
Sie hält es auch nicht für gesichert,
dass dieses Tierlein leise kichert,
wenn wieder mal ein dummer Feind
nur einen Ast zu sehen meint.

Mir zeigte sich das gute Tier,
und diesen Ratschlag gab es mir:
„Sobald du starke Feinde hast,
verwandle dich in einen Ast
und sei ein listiger Verberger,
erspar dir damit manchen Ärger.“
Wer schlau ist, folgt wohl diesem Rat.
Nun fragt mich nicht, wie oft ich‘s tat!

Fantasie und Wahrheit

„Vom Mond hat eine Himmelskuh
ein Stückchen abgebissen“,
erzähle ich. Du hörst mir zu,
doch kannst es besser wissen.

Du sagst: „Vom Mond im Weltenall
ist nur ein Stück verdeckt.
Er ist und bleibt ein harter Ball,
der nicht den Kühen schmeckt.
Und Kühe können überhaupt
nicht fliegen, hast du das geglaubt?“

„Nun gut, mein Kind, du weißt schon viel
vom Mond und von den Kühen.
Da muss, wer dir was sagen will,
um Wahrheit sich bemühen.
Doch oft ist, was wie Wahrheit klingt
nicht Wahrheit unbedingt.
Und manchmal stiehlt die Lüge leider
der Wahrheit ihre Kleider.
Dagegen wahre Fantasie
erzählt dir und belügt dich nie.“

Schlaflied

Der Bauer geht mit schweren Schuhen
noch einmal durch das braune Feld.
Der Wind lässt nun die Wolken ruhen
und langsam dreht sich noch die Welt.

Die Sonne rollt nach Honolulu,
der Mond schaut durch die Wolkentür.
In Afrika, beim kleinen Zulu,
ist aber Abend, so wie hier.

Der Zulu ist ein schwarzes Kind
und spielt vielleicht mit Kokosnüssen.
Und wenn die Zulus müde sind
und Zulukinder schlafen müssen,
dann macht er seine Augen zu
und schläft bald ein, so lieb wie du.

Fern und nah

Weit draußen durch das Weltenall
rast die Rakete Superschall.
Sie speichert Sternenenergie,
an Treibstoff mangelt es ihr nie.
Sie wird wer weiß wohin noch sausen,
wo ferne Lebewesen hausen.

Wer weiß wer hat sie abgefeuert.
Sitzt jemand gar darin und steuert,
ein Lebewesen, menschlich, leiblich,
vielleicht auch männlich oder weiblich?
Wie lässt sich die Rakete lenken?
Für uns ist alles auszudenken.

Wir können die Rakete bauen,
schon wenn wir nachts zum Himmel schauen.
Die Fantasie kann sie befeuern,
Gedanken können sie dann steuern.
Sie fliegen frei nach allen Sternen,
die unser Geist erfinden kann.

Doch dabei sollen wir auch lernen:
So mancher Stern ist näher dran;
die Wissenschaft hat ihn erfasst
und einen Namen ihm verpasst.

Der tapfere Dackel

Der Dackel, das ist ausgemacht,
gibt gut auf seine Haustür acht,
bewacht auch gern das Gartentor,
sitzt auf der Straße hart davor.
Kein Dieb hat sich herangetraut,
wenn er den Dackel angeschaut.

Nun kommt ein Hundevieh daher,
das ist so groß fast wie ein Bär.
Da hat dem Dackel schon gegraust.
Er wäre gern davongesaust.
Jedoch, mein Kind, das tut er nicht,
dafür kennt er zu gut die Pflicht.

So knurrt er an das grause Tier.
Er knurrt: Ich bin zu Hause hier.
Mag dir die Straße auch gehören,
darst du doch nicht mein Frauchen stören.
Willst du in diesen Garten scheißen,
werd‘ ich dir in die Waden beißen!

Da geht der große Hund vorbei,
als ob er bloß verwundert sei.

Von den Riesen

„Wo schlafen denn die Riesen?“
„Sie schlafen nicht auf den Wiesen,
sie schlafen auch nicht im Wald,
das wäre im Winter zu kalt.
Sie haben ein richtiges Haus.
Nur müssen sie sich da bücken
und sitzen mit krummen Rücken.
Und tun sie das nicht, guckt der Kopf oben raus.“

„Was essen denn die Riesen?“
„Am liebsten von den Gemüsen
Erbsen und Möhren, Spinat,
Blumenkohl und auch Salat,
zum Nachtisch Obst mit Quark.
Darum sind die Riesen so stark.“

„Sind sie wohl bös, die Riesen?“
„Da gibt es die lieben und die miesen.
Die lieben pfeifen und schnurren.
Die miesen schimpfen und knurren.
Daran kannst du sie leicht erkennen.
Und kommen die miesen, brauchst du nur zu rennen.
Denn die miesen Riesen sind faul und dumm,
wenn sie laufen, fallen sie sofort um.“

„Was machen die lieben Riesen?“
„Sie kriechen auf Händen und Füßen
und lassen Kinder reiten
auf ihrem Riesenrücken.
Du hörst sie niemals streiten.
Und im Herbst, da helfen sie Birnen pflücken,

ohne Leiter vom Baum, so mit der Hand.
Und im Winter, da bauen sie im Riesenland
Schneemänner, wie Kirchtürme hoch.
Aber schließlich frieren sie doch.
Dann kriechen sie in ihr Riesenhaus
und schlafen sich bis zum Frühjahr aus.

Ein guter Ratgeber

Ein weiser, alter Elefant,
den aber niemand leicht verstand,
der wurde oft um Rat gebeten,
dann hörten wir ihn schön trompeten.

Wir ahnten wohl, sein Rat war gut,
verstanden aber: „Tü-ta-tut!"
Wir konnten ihm Vertrauen schenken,
denn er ließ alle selber denken.

In „Tü" lag Müh', das „Ta" kam nah
und „Tut" gab Mut, der weitersah.
Wer „Tü-ta-tut" verstanden hat,
der weiß danach auch selber Rat.

Meisenkasten

Schau mal! Wann die Meise nistet,
ist im Vogelbuch befristet:
Im April, ein Stückchen Mai,
dann ist diese Zeit vorbei.

Erst kommt ja die Vogelhochzeit,
Müh und Arbeit scheinen noch weit.
Wissen sie schon vor der Feier,
wo ein Platz ist für die Eier?

Wohl, wir hatten diesen Kasten,
in den gut die Meisen passten,
an der Buche aufgehängt
und den Meisen so geschenkt.

Sieh, da haben sie den runden
Meiseneinschlupf schon gefunden.
Bald dann müssen sie sich plagen,
Halme in das Nest zu tragen.

Schwarzes Köpfchen, das sind Kohl-
meisen, ja, das weißt du wohl.
Von dem Zweig siehst du sie hüpfen,
schnell ins Meisenhäuschen schlüpfen.

Dieses Loch ist richtig klein,
da kommt keine Elster rein.
So vor Schaden gut behütet
werden Meislein ausgebrütet.

Ob wir sie schon piepsen hören?
Nein, wir wollen sie nicht stören.
Ach, das wäre ein Vergnügen,
sähen wir ihr erstes Fliegen!

Doch vor ihrer Ausflugszeit
sagen sie ja nicht Bescheid.
Von den kleinen Meisenrangen
können wir das nicht verlangen.

Wollen uns zufrieden geben,
dass sie hier im Garten leben.
Sie sind frei, das ist das Beste,
und ein bisschen unsere Gäste.

Kleine Weihnachtsgeschichte

Der Ochse legte sich bequem
in seinen Stall zu Bethlehem.
Gezogen hatte er den Wagen,
auf dem die schweren Säcke lagen.
Sehr müde war er, und er schlief
und schnaufte ab und zu ganz tief.

Der Esel unterm selben Dach,
der rüttelte ihn plötzlich wach
und schrie: Ein Kindlein wird erfrieren,
wir dürfen keine Zeit verlieren!
Es liegt da in den Futterkrippen,
fast blau sind seine kleinen Lippen.
Steh auf, du Ochse, sei nicht faul,
und wärme es mit deinem Maul.

Der Ochse glaubte es erst kaum.
Er hatte einen schönen Traum:
Ein Engel sang da wundersam,
dass Frieden auf die Erde kam.
Doch ja, er sang von einem Kinde,
durch das die Welt Erlösung finde.
Da ahnte es der Ochse gleich,
die Botschaft kam vom Himmelreich,
stand auf, die Kälte wegzuhauchen,
das Kind in Wärme einzutauchen,
aus seinem großen Ochsenleibe,
damit das Kindlein leben bleibe.

Der Esel sprach: Ich sehe schon,
wir werden nun berühmt zum Lohn.
Es werden bald in aller Welt
die Weihnachtskrippen aufgestellt;
in Kirchen, Häusern, wo es sei,
sind jedesmal auch wir dabei.

Der Ochse grunzte: Eseltier,
wir brauchen keinen Lohn dafür.
Schau an das Kindlein, wie es lacht.
Es hat Erlösung mitgebracht.

Ein Wettstreit

Die Butter und der Käse,
die hatten einen Streit,
wer wohl am besten läse
zur schönen Winterszeit.

Die Butter wurde weich
und machte darum gleich
auf's Buch zwei dicke Flecken
und blieb beim Lesen stecken.

Der Käse war nicht besser.
Mit seinem Käsemesser
zerschnitt er fast das Buch
und las nicht laut genug.

Als sie noch weiter stritten,
da wurden wir das leid
und fuhren lieber Schlitten
zur schönen Winterszeit.

Wenn wer was kann

Dem Bauern hat die kleine Ente
gesagt, dass sie nicht schwimmen könnte.
Ihr seht sie da am Tümpel stehen.
Doch will sie nicht ins Wasser gehen.

Der Bauer sagt: „Das kann nicht stimmen,
denn alle Enten können schwimmen.“

Die Ente schnattert eigensinnig:
„Ich weiß doch, eine Ente bin ich.
Das heißt nicht, dass ich machen muss,
was andre Enten machen - Schluss!“

Da fliegt ein hübscher Enterich
zum Tümpel, und dann setzt er sich
hier neben unsre kleine Ente
und fragt sie, ob sie schwimmen könnte.

Was meint ihr wohl, was sagt sie da?
Vielleicht sagt nun das Entlein: „Ja!“
So ist es, wenn man etwas kann:
Nicht immer hat man Spaß daran.

Kleinigkeiten VII - IX

Manchmal ist es gut,
wenn man sich vertut.
Manchmal kann das lustig sein,
und man bildet sich nichts ein,
kann darüber selber lachen
und es später besser machen.
Jeder, der was kann,
hat sich mal vertan.

Ich fragte mal ein Faultier:
„Warum hältst du das Maul hier?
Wir haben viele Fragen.
Dazu sollst du was sagen.“

Da murmelte das Faultier:
„Die Fragen sind zu dumm.
Drum halte ich mein Maul hier.“
Dann blieb es wieder stumm.

Wer stellt so kluge Fragen,
dass Faultiere was sagen?

Wenn Erzählen einen Sinn hat,
gleicht es etwa einem Spinnrad.
Was erlebt ist, lagert drinnen,
lässt zu einem Garn sich spinnen.

Dabei wird Gewinn und Schaden
eingebunden in den Faden.
Hast du es dann gut erzählt,
siehst du es: Der Faden hält.

Geduld

Ihr dürft nicht die Geduld verlieren,
wenn ihr den Tausenfüßler trefft,
der vor euch kauft im Schuhgeschäft.
Er muss ja lange anprobieren.

Auch kommt ihr beim Friseur spät dran,
bedient er erst den Pavian.
Der hat für seine große Mähne
natürlich viele schöne Pläne.

Doch manchmal trefft ihr es noch schlimmer:
Beim Zahnarzt sitzt im Wartezimmer
der Elefant mit Stoßzahnweh.

Und wenn ich noch das Nashorn seh‘
beim Arzt für Nase, Hals und Ohren,
dann hab‘ ich die Geduld verloren.

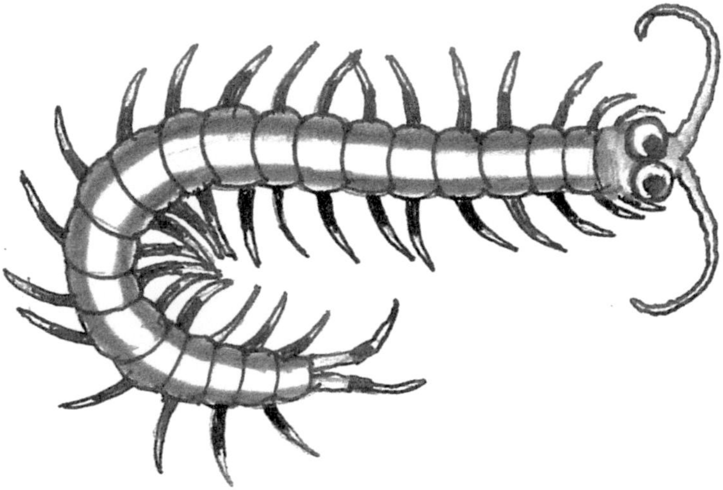

Im Schnee

Es sagte sich ein Bernhardiner:
„Ich wäre lieber Großverdiener.
Ich bin ja schon ein großes Tier.
Was tu ich in den Bergen hier?

Ich grabe Menschen aus Lawinen.
Im Schnee kann ich nicht viel verdienen.
Ich möchte durch die Städte reisen
und bei Fünf-Sterne-Köchen speisen."

„Ach Kinder, fällt euch etwas ein?
Kann nicht der Hund zufrieden sein
mit seinem Job bei einer Bergwacht,
den nicht so leicht ein Hundezwerg macht?"

„Er soll mal in der Schule sitzen
und bei der Mathearbeit schwitzen
anstatt in frischer Luft da oben
im Schnee zu buddeln und zu toben!"

Der Querkopf

Er ist ein Mensch wie du und ich,
doch gerne widersetzt er sich.
Nicht gerne läuft er hinterher.
Gehn alle längs, stellt er sich quer.

Der Querkopf, der gern widerspricht,
beliebt macht er sich meistens nicht.
Doch manchmal gibt es nicht genug
Widerspruch
und der Querkopf muss her,
besser quer
als leer.

Sternenkunde II

Ein Wandelstern ist ein Planet.
Ihr wisst, dass er nicht faul da steht.

Er freut sich, dass er sich bewegt,
obwohl er, das ist festgelegt,
sich nur um einen Fixstern dreht,
nicht reisen darf wie ein Komet.

Auch unsrer Erde geht es so
und wir sind sehr darüber froh.
Der Fixstern gibt uns Sonnenschein
und anders sollte es nicht sein.

Der Abendstern,
der strahlt auch gern
als Morgenstern.

Mir liegt das fern.
Ich strahle nie
schon morgens früh.